QUESTION

SCIENTIFIQUE ET PERSONNELLE.

QUESTION
SCIENTIFIQUE ET PERSONNELLE

SOULEVÉE AU SEIN DE L'INSTITUT

AU SUJET DES DERNIÈRES DÉCOUVERTES

SUR

LA GÉOGRAPHIE ET L'HISTOIRE DE L'INDE,

avec les explications de

M. REINAUD,

Membre de l'Institut (Académie des inscriptions et belles-lettres),
Professeur d'arabe à l'École des langues orientales,
Conservateur des manuscrits orientaux de la Bibliothèque impériale, etc.

NOUVELLE ÉDITION,

REVUE ET AUGMENTÉE D'UNE DEUXIÈME PARTIE.

PARIS.

IMPRIMERIE DE COSSE ET J. DUMAINE,

RUE CHRISTINE, 2.

1859

AVERTISSEMENT.

Pendant que je m'occupais de la seconde édition de mon premier mémoire justificatif, avec les répliques rendues nécessaires par la réponse de **M.** Stanislas Julien, l'Académie des inscriptions a, dans une délibération spéciale, exprimé le *regret* que la présente polémique eût été engagée devant le public, et a *invité* **M.** Julien et moi à n'y point donner suite. J'aurais voulu pouvoir déférer strictement au vœu de mes honorables confrères ; mais, après mûre réflexion, et d'après des motifs qui, j'en suis sûr, obtiendront l'approbation de tous les lecteurs, j'ai cru que le soin de mon honneur et l'intérêt de la science elle-même ne me le permettaient pas. Si toutefois je continue le débat, c'est avec la ferme résolution de ne le point envenimer. Dans ma première publication, je me suis laissé entraîner à la première impression de l'injure qui m'était faite. Ici on trouvera, j'espère, le témoignage de ma modération, et dans les suppressions que j'ai cru devoir faire à mon premier mémoire, et dans le ton du second mémoire tout entier. S'il restait quelque expression qui semblât excessive à la susceptibilité d'un seul de mes confrères, je proteste d'avance contre la portée qu'on voudrait y attacher. En même temps, je déclare que, si, au jugement de quelques-uns de mes confrères, je paraissais un peu trop jaloux de la considération à laquelle je crois avoir droit, je n'ai pas eu seulement ma petite personne en vue; j'ai eu aussi en vue la compagnie à laquelle j'ai l'honneur d'appartenir.

QUESTION
SCIENTIFIQUE ET PERSONNELLE.

Il est dans la vie des circonstances où, quelque amour qu'on ait de son repos, l'on est obligé de tout quitter pour se défendre. C'est ce qui m'arrive en ce moment. L'incident qui m'a mis dans cette nécessité, et que je n'avais nullement provoqué, s'est passé dans le sein de l'Académie des Inscriptions et belles-lettres, dans la séance du 21 janvier dernier. Voici ce qui y a donné lieu.

En 1840, et pendant les années suivantes, j'eus à m'occuper, d'une manière approfondie, des choses de l'Inde, depuis les temps les plus reculés jusque vers le milieu du xie siècle de notre ère. De ces études longtemps poursuivies il résulta divers ouvrages parmi lesquels il me suffira de citer un *Mémoire géographique, historique et scientifique sur l'Inde, antérieurement au milieu du XIe siècle de l'ère chrétienne, d'après les écrivains arabes, persans et chinois,* avec une carte rédigée par M. d'Avezac. Ce mémoire, qui se compose de 400 pages in-4°, fut lu en 1845 et 1846, dans une suite de séances, à l'Académie des Inscriptions et belles-lettres ; mais par un concours de circonstances indépendantes de ma volonté, le tome xviiie du recueil des mémoires de l'Académie des Inscriptions, où il avait été inséré, ne fut livré au public qu'en 1849. Quand il parut, il reçut l'approbation des savants les plus compétents, en France et dans l'étranger.

On voit que ce mémoire porte, entre autres titres, celui de *géographique*, et pour cette partie, comme pour les autres parties de l'ouvrage, j'avais eu de temps en temps à rapprocher des noms d'hommes et de lieux qui se prononcent un peu autrement en arabe, en persan, en sanscrit et en chinois, mais dont il était essentiel de constater l'identité. La tâche n'était pas facile, surtout à cette époque. En effet, en arabe et en persan, où l'on ne marque que les consonnes, et où les consonnes ne sont pas toujours bien déterminées, les noms sont souvent méconnaissables. Les écrivains indiens, par suite de l'ordre d'idées qui a toujours dominé dans l'Inde, ne fournissent que des documents incomplets sur les faits de la vie réelle du pays, notamment sur son état géographique et son histoire. La littérature chinoise offre des ressources plus abondantes ; mais, par suite des imperfections de l'alphabet chinois, il est souvent très-difficile, et même quelquefois impossible, de fixer la valeur des signes de l'écriture, du moins en ce qui concerne les rapports de ces signes avec les nôtres (1). C'est sur les rapprochements chinois auxquels je me livrai, et sur les identifications de noms propres qui en furent la suite, que roule le débat actuel. Ce genre de recherches a eu les effets les plus heureux pour arriver à connaître les personnages et les lieux de la presqu'île de l'Inde, aux époques qui ont précédé le viii° siècle de notre ère, et il s'agit de déterminer la part qui revient à chacun dans ce champ jusque-là délaissé.

Il faut savoir que la religion de Bouddha, qui compte un grand nombre de millions d'adeptes dans la Chine, de même qu'au Japon, dans la Tartarie, à Ceylan et dans la presqu'île au delà du Gange, est originaire de l'Inde. Bouddha naquit et vécut dans la vallée du Gange, et une foule

---

1) Cette question est traitée d'une manière spéciale dans mon *Mémoire sur l'Inde*, p. 33 et suiv.

de localités du pays ont longtemps attiré les bouddhistes des autres contrées par les souvenirs qui se rattachaient à la personne du fondateur de la secte. Entre le premier et le dixième siècle de notre ère, on vit à plusieurs reprises, des Chinois, poussés par le zèle religieux, s'élancer au milieu des sables et des pâturages de la Tartarie, franchir les montages et les rivières, et venir chercher des renseignements et des exemples dans la presqu'île indienne, aux lieux mêmes où le bouddhisme avait pris naissance.

Les relations des bouddhistes chinois qui nous sont parvenues n'embrassent pas seulement toute la presqu'île de l'Inde, mais encore la Tartarie, l'Afghanistan actuel et une partie de l'île de Ceylan. Parmi ces relations, les deux principales sont celles qui ont pour auteurs Fahian et Hiouen-Thsang. Le premier visita l'Inde au commencement du cinquième siècle, et le second dans la première moitié du septième siècle, deux époques fort intéressantes et pour lesquelles la science manquait de témoignages authentiques. L'un et l'autre voyageurs étaient conduits par le zèle religieux. Ce qui les touche principalement, ce sont les traditions relatives à la personne de Bouddha et à sa secte; ils racontent, du ton de la conviction la plus profonde, les exemples de dévouement par lesquels Bouddha signala sa carrière, et les prétendus miracles qu'il opéra; ils décrivent les temples et les tours qui furent élevés en son honneur, et les couvents où l'on cherchait à s'inspirer de son esprit. Mais, dans l'intervalle de ces pieuses recherches, ils retracent, avec plus ou moins de précision, la route qu'ils suivirent et les villes qu'ils traversèrent; ils font mention de certains personnages dont le souvenir était resté présent dans le pays.

En ce qui concerne les Arabes et les Persans, il existait sur l'Inde des témoignages précieux, qui étaient restés inconnus aux écrivains musulmans de l'Inde eux-mêmes, et que j'ai le premier fait connaître (1). A la vérité, ces ouvrages sont tous postérieurs à Mahomet, et les plus anciens datent du commencement du huitième siècle de notre ère, époque où les Arabes, portant, comme on l'a dit, le sabre d'une main et le Coran de l'autre, envahirent une grande partie de l'Ancien Monde ; mais ces témoignages étaient dus à des hommes graves dont plusieurs parlaient de ce qu'ils avaient vu et entendu. Dès le milieu du septième siècle, les musulmans avaient subjugué la Perse et s'étaient approchés de l'Oxus et de l'Indus. Au commencement du huitième siècle, ils se trouvèrent mêlés aux populations brahmanistes et bouddhistes, qui alors se partageaient la vallée de l'Indus. Rien ne les empêchait de recueillir des notions exactes sur la contrée, à une époque où les traditions nationales ne s'étaient pas encore altérées.

Lorsque j'entrepris la série de mes travaux sur l'Inde dans l'antiquité et au moyen âge, j'avais à ma disposition la traduction française de la relation de Fahian, faite par Abel Rémusat. Quant à la relation de Hiouen-Thsang, il n'existait que l'index des noms des lieux visités par le voyageur. Cet index a paru en 1836, à la suite de la relation de Fahian, sous le titre de *Foe-Koue-Ki, ou relation des royaumes bouddhiques, traduit du chinois et commenté par Abel Rémusat, revu, complété et augmenté d'éclaircissements nouveaux,* par Klaproth et M. Landresse, un volume grand in-4°. Quant à l'itinéraire de Hiouen-Tsang, il n'a été publié que plus tard, par M. Stanislas Julien, d'abord, en 1853, sous une forme arrangée et sous le titre de *Histoire de la vie de Hiouen-Thsang et de ses voyages dans l'Inde,* un volume in-8° ; ensuite d'une manière intégrale, sous le titre de *Mémoires sur les contrées occidentales,*

---

(1) Voir les *Fragments arabes et persans inédits,* que j'ai publiés dans le *Journal asiatique* de 1844 et 1845.

deux volumes in-8°, 1857 et 1858. Or, dans la traduction de la relation de Fahian et dans l'index de l'itinéraire de Hiouen-Thsang, la transcription des noms est tellement défectueuse, qu'il est quelquefois impossible de s'y reconnaître.

Le titre de mon mémoire sur l'Inde est accompagné des mots *d'après les écrivains arabes, persans et chinois.* J'avais donc à recueillir toutes les données dont les écrits des Chinois sont dépositaires ; mais, d'après la nature de mon travail, je n'avais à m'arrêter sur ces données, qu'autant qu'elles se rattachaient d'une manière quelconque aux écrits des Arabes et des Persans des premiers siècles de l'hégire, et ces écrits ne contiennent des détails précis que sur les régions qui avoisinent la Perse à l'est, au nord-est et au sud-est. Mon cadre n'embrassait donc pas le théâtre entier des explorations des voyageurs chinois. Les contrées dont j'eus à m'occuper principalement sont l'Afghanistan, le Korassan, la Transoxane, le Tokharestan, la vallée de Kachemire, toute la vallée de l'Indus, le Penjab et la presqu'île formée par la Djomna et le Gange. Avant tout, il fallait trouver une clef pour reconnaître les transcriptions chinoises qui sont rapportées dans le *Foe-Koue-Ki.* Je ne tardai pas à y parvenir, à l'aide des témoignages arabes et persans, dont personne, en Europe, n'avait eu connaissance avant moi, et qui, étant presque contemporains des relations chinoises, permettaient d'établir des identifications certaines.

A l'époque où j'entrepris ces études, M. Stanislas Julien, mon confrère à l'Institut et mon collègue à la Bibliothèque impériale, en commença de pareilles, mais à un point de vue différent. J'avais abordé les transcriptions chinoises à l'aide des données arabes et persanes, et en me plaçant au point de vue de l'Occident. M. Stanislas Julien aborda le même sujet, en prenant la Chine pour point de départ.

Nos forces se compensaient les unes les autres. Si M. Julien connaissait le chinois, moi je connaissais l'arabe et le persan. M. Julien avait de plus que moi une connaissance passable du sanscrit ; mais j'avais l'avantage de posséder mieux que lui la géographie et l'histoire de l'Asie, deux sciences qui, en ces matières, étaient d'un secours indispensable. Même pour le sanscrit, je pouvais suppléer à ce qui me manquait à cet égard. M. Munk, alors employé au département des manuscrits de la Bibliothèque impériale, et aujourd'hui mon confrère à l'Académie des Inscriptions, me fournissait, soit d'après ses propres lumières, soit à l'aide du dictionnaire de M. Wilson, les explications dont j'avais besoin. Je fus surtout redevable à mon confrère, feu Langlois, qui fit pour moi de nombreux extraits de livres sanscrits. Le fait est que j'avais dans la tête les noms d'hommes et de lieux connus d'ailleurs, et de plus un certain nombre de dénominations sanscrites dont j'étais en état de faire une analyse rigoureuse. Ainsi, entre M. Julien et moi, les moyens n'étaient pas les mêmes ; mais le but était identique, et avec les rapports que nous avions presque tous les jours, il était impossible que nous ne fussions pas dans le cas de nous entretenir des études qui faisaient notre occupation principale.

Un jour je fis naître une occasion de constater l'accord des résultats auxquels nous étions parvenus. Il y avait alors à Paris deux savants indianistes Allemands qui se trouvent maintenant en Angleterre, M. Max Muller, professeur à l'université d'Oxford, et M. Théodore Goldstucker, qui préside en ce moment à une nouvelle édition du *Dictionnaire sanscrit* de M. Wilson. Nous nous réunîmes, M. Stanislas Julien, les deux indianistes Allemands et moi, et je commençai par présenter, dans un papier plié, un échantillon de mon expérience dans ce genre de recherches alors nouveau en Europe. J'avais choisi entr'autres points d'examen certains noms se rapportant à l'Inde centrale, partie du sujet qui m'était moins familière. M. Julien donna ses restitutions par écrit, et quand on ouvrit mon papier, nos restitutions se trouvèrent les mêmes. M. Stanislas Julien, qui nie maintenant ce fait, en a constaté lui-même la vérité dans le *Journal asiatique* de 1847 (1), quand il a dit : « Un de mes savants confrères (M. Reinaud) a eu plusieurs fois l'occasion d'apprécier l'utilité de mon alphabet pour la lecture des noms indiens habituellement défigurés dans les livres chinois. C'est par ce moyen qu'il a pu constater la mention déjà *soupçonnée* par lui dans la relation de Hiouen-Thsang, des noms des rois Harcha-varddhana, Vikramaditya, etc., qui, sous les formes chinoises Ko-li-cha-fa-tan-na et Pi-ki-lo-mo-o-tie-to, etc., avaient échappé à l'intelligence de MM. Rémusat, Klaproth et Landresse. »

Vers la même époque, M. Stanislas Julien me communiqua un commencement de traduction de la relation de Hiouen-Thsang, qu'il avait fait quelque temps auparavant. Dans cet essai, où M. Julien prétend maintenant que j'ai puisé toute mon érudition indienne, les transcriptions étaient faites dans le même système que celles d'Abel Rémusat et de Klaproth, et il n'y avait pas un seul nom de correct. J'en fis la remarque à M. Julien, qui en convint ; je fis plus : je reconnus dans son manuscrit le nom de Vikramaditya, roi de la ville de Sravasti, qui lui avait échappé, fait capital qui a jeté un jour tout nouveau sur l'histoire de l'Inde, au Ier siècle de notre ère (2).

M. Julien, à l'heure qu'il est, prétend que je dois tout mon savoir à cet essai de traduction, et il ne se souvient plus

---

(1) Cahier du mois d'août 1847, p. 85.
(2) Comparez mon *Mémoire sur l'Inde*, p. 80, avec le passage de la nouvelle traduction de la relation de Hiouen-Thsang, t. Ier, p. 115.

de ce qu'il a publié récemment lui-même sur l'extrême imperfection de son essai. Voici ce qu'il dit dans la préface de la traduction de l'histoire de la vie de Hiouen-Thsang : « Vers 1839, j'avais commencé la traduction de Hiouen-Thsang ; à cette époque, j'étais aussi peu préparé que mes prédécesseurs, pour résoudre les difficultés (que présentent les noms propres et certaines dénominations bouddhiques). Acquérant, à mesure que j'avançais, la conviction intime de mon insuffisance, je fermai le texte au livre IV, et je n'eus qu'à m'en applaudir ; car je me serais livré à un labeur excessif pour publier un ouvrage dont l'importance aurait été singulièrement affaiblie par l'absence des transcriptions indiennes, qu'auraient remplacées des sons barbares ou des mots chinois intraduisibles. » M. Julien fait le même aveu en d'autres termes dans la préface de la nouvelle traduction de la relation de Hiouen-Thsang, traduction qu'il avoue avoir entreprise en 1854 et 1855 et qui n'a rien de commun avec l'essai tenté vers 1839.

Je vais citer une autre preuve de la différence d'appréciation de M Julien, suivant les époques : c'est le passage de mon mémoire sur l'Inde, où je rends compte de la marche que j'avais suivie, passage d'autant plus remarquable qu'il a passé sous les yeux de M. Julien, qui l'a accepté (1), passage qui, de plus, montre qu'en ce qui me concerne, j'ai tenu envers M. Julien le langage qui devrait toujours régner entre confrères : « Les sommaires des différents extraits de la relation de Hiouen-Thsang ont été publiés par M. Landresse à la suite de la traduction du *Foe-Koue-Ki*. M. Stanislas Julien, qui possède la relation originale, a commencé, il y a quelques années, à en faire une traduction complète. Mais il fallait d'abord se rendre compte

____

(1) J'ai entre les mains l'épreuve même qui a passé sous les yeux de M. Julien.

de l'état géographique et historique des contrées par lesquelles passa le voyageur. D'ailleurs, le récit est hérissé
de termes sanscrits reproduits en caractères chinois ; et
comme ces termes, faute de signes concordants, ont été
plus ou moins défigurés en passant d'une écriture dans
l'autre, il était indispensable d'établir un alphabet harmo-
nique des deux écritures. M. Julien s'est livré, depuis
quelque temps, à de profondes recherches pour fixer cet
alphabet. Pour moi, qui ne connais ni le sanscrit ni le
chinois, j'ai été obligé d'aborder directement la traduction
de la relation de Fahian et la table imprimée des articles
de la relation de Hiouen-Thsang ; mais, guidé par les
renseignements que fournissent les écrivains arabes et
persans, j'ai pu reconnaître un certain nombre de noms
d'hommes et de lieux qui avaient résisté aux efforts
d'Abel Rémusat, de Klaproth, de M. Wilson et de M. Lassen. En effet, mes restitutions ont été confirmées à la fois
par l'alphabet que s'est fait M. Julien et par les descrip-
tions des lieux que cet habile sinologue a bien voulu
traduire pour moi. Voilà par quels moyens je suis arrivé
à certains résultats qui étonneront peut-être, et auxquels
moi-même je ne m'attendais pas quand j'ai commencé
ce mémoire. J'ai rectifié la partie de l'itinéraire de Fahian
qui se rapporte aux royaumes actuels de Kaboul et de
Lahor, partie qu'Abel Rémusat avait transportée dans
le Baloutchistan. Il m'a été également possible de tracer,
sinon dans tous ses détails, du moins dans son ensemble,
la route suivie par Hiouen-Thsang, tant à son départ de
la Chine à travers la Tartarie, la Transoxane, le Tokharestan et l'Hindou-Kousch, qu'à son retour en Chine à
travers l'Hindou-Kousch, le Tokharestan, le petit Thibet
et la Tartarie (1). »

____

(1) *Mémoire sur l'Inde,* p. 11.

Je crois avoir, dans mon mémoire, établi avec justice la part respective de M. Julien et de moi ; on peut même dire que j'ai fait la part belle à M. Julien ; mais il y a cette différence entre lui et moi, c'est que j'ai cherché à mettre ses droits dans tout leur jour, et que, par le plus étrange des procédés, il a voulu anéantir les miens.

A l'appui de l'originalité de la partie indienne de mon mémoire, je rappellerai ce qui s'est passé entre M. Wilson et moi. Me trouvant à Londres, au mois de septembre 1848, je tins à honneur d'aller rendre mes devoirs à l'illustre indianiste. A Londres, M. Wilson remplit les fonctions de bibliothécaire de la Compagnie des Indes. J'eus plusieurs fois l'occasion de le voir à l'*East-India House*. Mon mémoire, à cette époque, n'était pas encore publié. Sur ce que je dis à M. Wilson, relativement à la première introduction du culte du soleil et du feu dans l'Inde, il manifesta des doutes ; mais ensuite, faisant des recherches dans les manuscrits de la bibliothèque qui lui est confiée et qui en son genre est la plus riche de l'Europe, il adopta ma manière de voir, et il a consigné son changement d'opinion dans une note qui a été placée à la suite de mon mémoire. A la même époque, il venait d'arriver de l'Inde en Angleterre un cahier du journal de la Société asiatique de Calcutta, où un savant, M. Anderson, disait avoir reconnu, dans l'index de l'itinéraire de Hiouen-Thsang rédigé par M. Landresse, des termes arabes et persans, d'où il concluait que la relation elle-même est d'une fabrication moderne. M. Wilson ne me dissimula pas qu'il était pleinement de l'avis de M. Anderson. Je le priai de me permettre d'emporter le numéro à mon hôtel. Les règlements de la bibliothèque ne permettant pas de rien laisser sortir, j'examinai sur place les passages en question ; je remis à M. Wilson une note qui contenait une restitution des transcriptions chinoises, et cette note est probablement restée parmi ses papiers. M. Julien ne peut pas dire que je tenais ces restitutions de lui; le numéro où se trouve le mémoire de M. Anderson n'est parvenu en France que plus d'un an après.

Mais tous ces faits, ceux même auxquels M. Julien avait lui-même rendu hommage, sont maintenant devenus pour lui comme non avenus; lui seul, à l'en croire, a pu être capable de rétablir une dénomination indienne, et tout ce qui vient d'ailleurs est nécessairement un emprunt qu'on lui a fait. Une circonstance qui l'a encouragé et même aidé dans cette voie, c'est l'espèce d'alliance qui s'est formée entre lui et une personne qui s'occupe depuis longtemps de géographie, M. Vivien de Saint-Martin. M. Julien n'est rien moins que géographe; je me rappelle qu'un jour il arriva tout effaré à la bibliothèque impériale, me disant que quelqu'un, dont j'ai oublié le nom, mais qui est peut-être M. Guigniaut, lui avait parlé du livre de l'histoire naturelle de Pline, où il est traité de l'Inde, et me demandant comment il pouvait se faire que l'Inde occupât une section particulière dans un traité d'histoire naturelle. Un accord a eu lieu entre les deux savants. M. Vivien de Saint-Martin a bien souvent recouru à moi, et il a continué de recourir à moi jusqu'au moment où j'ai cessé mes rapports avec lui; il m'a vu travailler à mon mémoire sur l'Inde et à ma grande publication sur la géographie d'Aboulféda; il a même rendu un compte intelligent et favorable de ces ouvrages, dans les *Nouvelles Annales des Voyages*, à une époque où il était encore investi de la direction de ce recueil. Mais depuis ses relations avec M. Julien, M. Julien est devenu pour lui le seul auteur réel et même possible de restitutions quelconques. En retour, M. Julien a proclamé M. Vivien de Saint-Martin le seul homme qui pût exprimer une opinion sur les pays de l'Inde dans l'antiquité et au moyen âge.

Le lecteur me demandera pourquoi je n'ai pas réclamé plus tôt. Je répondrai que les résultats de cet accord ne se sont manifestés que par degrés. M. Stanislas Julien veut bien, dans l'histoire de la vie de Hiouen-Thsang, me faire honneur de quelques identifications de dénominations géographiques ; dans le premier volume de la traduction de la relation, le nombre des identifications qui me sont attribuées est diminué ; enfin, dans le deuxième volume qui a paru, il y a deux mois, mon nom disparaît entièrement, et je fais place à M. Vivien de Saint-Martin. A l'égard de M. Vivien de Saint-Martin, il a consenti dans ces dernières années à me citer pour des extraits ou de sèches traductions ; mais pour tout ce qui est rapprochement, induction, en un mot pour tout ce qui dénote le sens géographique, je dois y renoncer. Mon mémoire sur l'Inde porte entre autres titres celui de *Géographique* ; M. Vivien de Saint-Martin a apporté un soin particulier à ce que ce titre ne se présentât jamais sous sa plume.

Mais, diront quelques personnes, il ne suffit pas d'affirmer ; il faut prouver. Ce que j'ai dit sur la manière de procéder de M. Julien dans l'histoire de la vie de Hiouen-Thsang et dans la relation entière peut être vérifié par chacun. A l'égard de la manière de procéder de M. Vivien de Saint-Martin, je m'arrêterai seulement sur le mémoire que ce savant a placé à la suite de la relation de Hiouen-Thsang, et qu'il a destiné à servir de résumé de tous les faits géographiques contenus dans les trois volumes.

La justice conseillait à M. Vivien de St-Martin de rappeler en commençant, ne fût-ce que par une simple mention, l'existence du travail qui avait précédé le sien. Que fait-il ? Il dissimule l'existence de mon travail, il le nie même. Il s'exprime d'abord ainsi : « Jusqu'à présent la géographie sanscrite, antérieure à la conquête musulmane, qui a si profondément altéré ou modifié la nomenclature indigène,

nous est à peine connue, quoiqu'une masse considérable
de matériaux propres à en opérer la restitution ait été
publiée en Europe depuis trente ans, et que les profonds
travaux de M. Wilson, de W. Schlegel, d'Eugène Burnouf,
de M. Lassen et de leurs émules, aient admirablement préparé cette restitution de l'Inde sanscrite, préparé, disons-
nous, mais non accompli; car, sauf les grands traits et les
points culminants, on n'a rien fait encore pour composer
la carte politique et la topographie indigène de la pénin-
sule indoue, antérieurement au XIII° siècle (1). » Si ici
quelque lecteur était tenté de m'arrêter, pour me faire
observer qu'il me reste la faculté de me ranger au nombre des émules de M. Wilson, de W. Schlegel, d'Eugène
Burnouf et de M. Lassen, je lui dirais que M. Vivien de Saint-
Martin proteste d'avance contre toute prétention semblable
de ma part; car il dit plus bas (2) : « Avant les publications
de M. Stanislas Julien sur le voyage de Hiouen-Thsang, ce
qu'on en connaissait se bornait à l'analyse de M. Landresse.
Ces maigres indications étaient tout à fait insuffisantes pour
asseoir une discussion géographique. Il n'y a donc pas à
s'étonner que M. Lassen et M. Wilson, ces deux maîtres
de l'érudition sanscrite, n'en aient tiré que des conclusions
inexactes. » Est-ce clair ?

Dans la séance de l'Académie des inscriptions du
14 janvier dernier, M. Guigniaut, présentant à l'Académie
le tirage à part du mémoire de M. Vivien de Saint-Martin,
s'exprima ainsi : « Personne n'était mieux préparé que
M. Vivien de Saint-Martin par ses études antérieures. Il
est vrai qu'il a été puissamment aidé dans ses recherches
et ses déductions par les travaux de notre savant confrère,

---

(1) Page 252 du 2° volume de la relation de Hiouen-Thsang.
(2) Page 296 du même volume.

M. Stanislas Julien, qui a établi les règles de la transcription des noms sanscrits en chinois, et par les lumières répandues sur la géographie musulmane, depuis le IX⁰ siècle, par le beau mémoire de notre savant confrère, M. Reinaud, sur la géographie de l'Inde. M. Vivien de Saint-Martin a trouvé aussi des facilités dans sa connaissance approfondie de la géographie classique et de la géographie musulmane. Son ouvrage, très-estimé par les juges compétents en Europe, forme une suite intéressante à ses travaux sur la géographie de l'Inde, et en fait attendre d'autres non moins instructifs. »

J'aurais pu demander comment il pouvait se faire qu'un mémoire qui ne fait que de paraître fût déjà très-estimé par les juges compétents en Europe. Mais M. Guigniaut me refusait toute participation aux travaux qui ont été entrepris dans ces dernières années en Europe, pour éclaircir les choses de l'Inde, à l'aide des données arabes, persanes, indiennes et chinoises. D'après les paroles de M. Guigniaut, mes réclamations doivent se borner à ce qui a pu se passer dans la presqu'île de l'Inde après le IX⁰ siècle, c'est-à-dire pendant une période où il n'y a plus de rapprochements à faire. Je me bornai à ce qui m'était personnel, et j'accompagnai le rapport de M. Guigniaut de quelques mots qui, sans blesser mon confrère, étaient de nature à remettre les faits dans leur vrai jour. Voici ce que porte le procès-verbal de la séance : « M. Reinaud prend ensuite la parole pour rappeler que déjà, dans un long mémoire, il a traité une grande partie des questions dont M. Vivien de Saint-Martin s'occupe dans le sien. On le verra notamment dans les chapitres sur les relations des voyageurs chinois, Fahian et Hiouen-Thsang. M. Reinaud a le premier déterminé les itinéraires de Fahian et de Hiouen-Thsang dans les provinces septentrionales de l'Inde et dans les contrées voisines, et il a identifié la plupart des dénominations chinoises avec des dénominations plus généralement accessibles. M. Vivien de Saint-Martin aurait pu nommer l'auteur des travaux dont il a profité. »

M. Guigniaut ne répliqua pas sur-le-champ ; mais dans la séance suivante (séance du 21 janvier), à peine M. le secrétaire perpétuel eut donné lecture du procès-verbal, et sans qu'aucune provocation de ma part motivât une pareille sortie, il demanda la parole et affirma que ma réclamation n'était pas fondée, que M. Vivien de Saint-Martin n'avait fait que ce qu'il devait faire, que les découvertes que je m'attribuais n'étaient pas réelles, et ne pouvaient pas l'être, vu que je n'avais jamais été en état de rien accomplir de semblable. Évidemment M. Guigniaut n'était pas au courant de la question qu'il avait soulevée : je rétablis avec calme et en quelques phrases les choses comme elles étaient. Là-dessus M. Stanislas Julien intervint et déclara que je n'avais absolument rien à réclamer, que dans le temps il me prêta un écrit de lui (l'essai informe dont il a été parlé), que je le gardai pendant six mois, et que là se trouvaient les découvertes que j'ai ensuite publiées sous mon nom.

Je n'essayai pas de répondre à l'heure même. De quoi auraient servi les meilleurs arguments auprès des esprits prévenus ou intéressés, et qui étaient décidés à se refuser à l'évidence même ? Pour arriver à un résultat sérieux, il fallait rappeler les faits qu'on a pris à tâche de travestir ; il fallait mettre sous les yeux de qui de droit les témoignages authentiques de ses contradictions. C'est ce que je fais dans cet écrit. Qui pourra m'en blâmer ? On ne dira pas qu'à l'exemple de tant d'autres, je recherche la polémique ; c'est la première fois de ma vie que je me prête à une lutte de ce genre. Si j'ai un reproche à me faire, ce n'est pas d'avoir provoqué la guerre, c'est plutôt de n'avoir pas, en certaines occasions, repoussé les agressions auxquelles les plus honnêtes gens sont exposés.

Avant de clore ce mémoire, il n'est peut-être pas inutile de rappeler que mon débat avec M. Julien porte uniquement sur les résultats auxquels je suis parvenu avec le concours des données chinoises. Les contestations actuelles ne peuvent toucher en rien aux parties de mon mémoire sur l'Inde pour lesquelles il n'a été employé que des données arabes, persanes et sanscrites. Ces parties tiennent une place considérable dans mon mémoire. C'est ainsi, par exemple, que j'ai rétabli la suite des noms des princes brahmanistes qui régnèrent à Kaboul et à Lahor aux Xe et XIe siècles de notre ère (1). Bien que je n'aie pas appris le sanscrit, MM. Wilson et Lassen, qu'on a justement appelés les maîtres de l'érudition indienne, n'ont pas hésité à adopter les résultats de mes recherches, en se reconnaissant redevables (2). Pourquoi donc des hommes, qui sont loin de valoir MM. Wilson et Lassen, croiraient-ils déroger en acceptant quelque chose de moi, sous prétexte que je ne suis pas sinologue?

30 janvier 1859.

---

(1) V. mes *Fragments arabes et persans inédits*, avec la lettre de M. de Longpérier qui les accompagne, ainsi que mon mémoire sur l'Inde, p. 210 et suiv.

(2) V. aussi les déclarations multipliées de M. Albert Weber, professeur éminent de sanscrit à Berlin, dans un ouvrage allemand dont il vient de paraître une traduction française sous le titre de *Histoire de la littérature indienne*, un vol. in-8°.

DEUXIÈME PARTIE.

§ I.

Au moment où la Ire partie paraissait, l'on distribuait le cahier du *Journal des savants* du mois de janvier, cahier où mon savant confrère, M. Barthélemy Saint-Hilaire, rend compte du dernier volume de la traduction de la relation de Hiouen-Thsang. Mon confrère, après avoir relevé avec raison l'importance de cette publication, a cru devoir faire quelques réserves en ma faveur. Voici ce qu'il dit : « On se rappelle le mémoire de M. Reinaud sur la géographie et l'histoire de l'Inde antérieurement à la conquête musulmane, d'après les écrivains arabes, persans et chinois. M. Reinaud avait tiré grand parti des mémoires de Hiouen-Thsang, qu'il connaissait d'après le *Foe-Koue-Ki* et surtout par les communications qu'avait bien voulu lui faire M. Stanislas Julien de sa traduction encore inédite. Bien des noms de lieux, bien des noms d'hommes avaient été restitués avec une rare précision ; et les recherches de M. Reinaud marquaient déjà un notable progrès sur tout ce qui les avait précédées. Elles promettaient des progrès nouveaux en les préparant (1). » L'équivalent de ce qui est dit ici se trouvait déjà ailleurs.

D'après le récit que j'ai fait de la séance de l'Académie des inscriptions du 21 janvier dernier, M. Stanislas Julien aurait dit qu'il m'avait prêté dans le temps un écrit de lui que j'avais gardé pendant six mois, et que dans cet écrit se

---

(1) *Journal des Savants,* année 1859, p. 47. Voy. aussi p. 52.

trouvaient les découvertes que j'ai publiées sous mon nom. En ce point j'ai rapporté ce que j'ai cru entendre et ce que quelques-uns de mes confrères ont cru entendre avec moi. Mais M. Stanislas Julien, dans une brochure qu'il vient de publier, ne fait pas mention d'un écrit quelconque ; il m'oppose uniquement son exemplaire du *Foe-Koue-Ki*, sur les marges duquel il avait, dit-il, écrit dès l'origine les restitutions des noms d'hommes et de lieux, et que je lui empruntai pour trois mois. Pour ne pas prolonger le débat, je me place tout de suite sur le terrain où m'appelle M. Julien, et j'entre en matière.

Je ne me rappelle pas avoir jamais emprunté à M. Julien son exemplaire du *Foe-Koue-Ki*. Si d'ailleurs je l'avais emprunté, comment aurais-je pu le garder pendant six ou même trois mois ? A cette époque le *Foe-Koue-Ki* était le point de départ inévitable pour les études dont il s'agit ici, et M. Julien non plus que moi n'aurait pu s'en passer pendant si longtemps. Il est vrai que M. Julien, pour prouver que j'ai eu son exemplaire entre les mains, dit qu'on y remarque quelques mots écrits de ma main ; mais on remarque aussi quelques mots de la main de M. Julien sur mon exemplaire. Serais-je bien venu à dire que M. Julien m'avait emprunté mon exemplaire pour me dépouiller ? Ce qui résulte de cette double circonstance, c'est un fait vrai, un fait que j'ai déjà indiqué : Nous commençâmes, M. Julien et moi, nos études de restitutions et d'identifications sanscrites à peu près en même temps. Comme la bibliothèque impériale ne possède pas d'exemplaire de la relation de Hiouen-Thsang, MM. Abel Rémusat, Klaproth et Landresse avaient recouru pour leur travail à une compilation chinoise où les passages de la relation sont distribués par pays, et accompagnés d'autres témoignages analogues. M. Julien apportait donc à la bibliothèque son exemplaire du *Foe-Koue-Ki* pour collationner certains passages sur la compilation dont il s'agit. De mon côté, j'étais alors de service tous les jours à la bibliothèque ; voilà pourquoi il m'arrivait quelquefois de poursuivre à la bibliothèque même les recherches que j'avais commencées chez moi.

Avec les rapports qui existaient à cette époque entre M. Julien et moi, ces communications réciproques s'expliquent d'elles-mêmes. Dès lors l'allégation de M. Julien, faite après un laps de tant d'années, n'a plus la moindre valeur. J'ai dit dans mon mémoire sur l'Inde que j'avais abordé directement les transcriptions de M. Landresse, et M. Julien a reconnu le fait en 1847, dans le *Journal asiatique*, et en 1848, en lisant les épreuves de mon mémoire. Cette raison doit suffire ; si M. Julien est d'un autre avis, je lui opposerai les brouillons du travail que j'avais fait jadis sur les transcriptions de M. Landresse, travail qui fut mon début dans ce genre de recherches.

Mais on peut m'adresser cette question : M. Julien, à l'époque dont il s'agit, avait-il par-devers lui les restitutions dont il parle ? Je réponds hardiment qu'il ne les avait pas, et que ces restitutions n'ont pu avoir été marquées sur les marges de son exemplaire du *Fo-Koue-Ki* qu'un certain temps après. J'ai entre les mains une copie de la liste de M. Landresse tout entière de la main de M. Julien, et cette copie, bien que faite à une époque où j'étais avancé dans mes études, est déparée par des lacunes et des erreurs graves. Que pourrait être une liste faite par M. Julien dès le premier début ?

Les considérations que je viens de présenter me paraissent concluantes, et je voudrais bien pouvoir ne pas en dire davantage. Mais M. Julien, dans sa réponse, m'oppose deux faits qu'il regarde comme décisifs. Dans mon mémoire sur l'Inde, j'ai cité en passant un roi bouddhiste de l'Inde occidentale que j'ai nommé Dhruva-Pata, dénomination sanscrite que j'ai rendue en français par *éternellement intelligent*. De plus j'ai fait mention en passant d'un prince brahmaniste du Bengale appelé Koumara. M. Julien a reconnu, j'ignore à quelle époque, que le mot *Pata* était une leçon vicieuse, et il a successivement proposé plusieurs autres leçons (1). De plus il a pensé qu'au lieu d'*éternellement intelligent*, il fallait dire *constamment intelligent*. Là-dessus il cherche à prouver que c'est de lui que j'ai tenu les deux erreurs qu'il me reproche, et il m'en veut de ce que je ne lui en ai pas fait honneur devant le public. Il ajoute que je n'ai pu tirer ces deux erreurs que de son exemplaire du *Foe-Koue-Ki*. A cela je réponds que les mots qui me valent ces remontrances sont marqués, dans mes minutes, à la fin des articles auxquels ils appartiennent, et avec une autre plume et une autre encre. C'est le cas d'une foule d'autres mots sanscrits que je recueillis successivement dans l'histoire sanscrite de Cachemire, dans la traduction du *Harivansa*, par feu Langlois, etc. M. Julien insiste-t-il pour s'attribuer la propriété des expressions en question ? N'ayant pas de raison à faire valoir, ni pour ni contre, je les lui abandonne, mais à une condition, c'est qu'il soit constaté qu'il me les a données et que je ne les lui ai pas prises.

En vérité, je ne comprends pas la difficulté que me fait M. Julien. Je la comprends d'autant moins qu'elle me donne lieu de lui adresser à mon tour de graves reproches. Une des circonstances qui donnent le plus de prix aux récits de Fahian et de Hiouen-Thsang, c'est qu'on y trouve la mention de personnages historiques qui, sans ce témoignage, seraient entièrement perdus pour nous. C'était pour M. Julien un devoir et même, j'ose dire, un bonheur que de pouvoir mettre ces personnages en évidence, et de recueillir sur leur compte ce qui en a été dit ailleurs. M. Julien, dont

---

(1) *Histoire de Hiouen-Thsang*, p. 206, 254 et 260; *Relation du voyage*, t. II, p. 163.

le savoir philologique est d'ailleurs incontestable, ne paraît pas s'être aperçu de cette partie de sa tâche, et M. Vivien de Saint-Martin, qui a relu toutes les épreuves, n'y a pas fait plus d'attention : aussi le personnage que j'ai nommé Dhruva-Pata est appelé par lui tantôt le gendre, tantôt le petit-fils de Koumara, roi bouddhiste de Canoge. Le nom de ce roi de Canoge, qui était le suzerain de Koumara, roi brahmaniste du Bengale, est accompagné par Hiouen-Thsang des noms de son frère aîné et de deux autres membres de sa famille. Or, M. Julien, dans sa traduction, a confondu les divers rangs ensemble, et on a de la peine à suivre le cours du récit (1).

Ces détails sont pénibles, si pénibles que je n'ai pas la force de continuer. Le même motif m'empêche de parler du morceau qui, sous le nom de *supplément*, termine la réponse de M. Julien. Du reste ce supplément est évidemment d'une autre main que la sienne.

Mais il est un point sur lequel je ne puis me dispenser de dire quelques mots. J'ai parlé dans la Ire partie d'une espèce de conférence qui aurait eu lieu entre M. Julien, M. Goldstucker, M. Max Muller et moi. M. Muller, consulté par M. Julien, déclare qu'il n'a aucun souvenir d'un entretien semblable. Ici il y a quelqu'un qui est mal servi par sa mémoire. Assurément le lecteur est maître de penser là-dessus ce qu'il voudra. Mais il doit m'être permis de rappeler à M. Julien qu'il a consenti à me faire honneur de la restitution du nom de Harcha dont il avait été parlé dans cette conférence. Le fait est constaté dans le *Journal asiatique*, et il s'en trouve un autre témoignage dans mon mémoire sur l'Inde, pag. 138 et 139. Ce double témoignage me paraît très-suffisant pour la discussion actuelle.

---

(1) *Histoire de Hiouen-Thsang*, p. 111 ; *Relation du voyage*, t. Ier, p. 247 et suiv.

§ II.

Ce que j'ai à dire maintenant ne s'adresse pas à la brochure de M. Julien ; c'est une réponse à une objection qui m'a été faite par plusieurs personnes, objection qui peut être ramenée à ces termes : « Vous dites que vous avez résolu par vous-même une partie considérable des difficultés auxquelles donnaient lieu les récits de Fahian et de Hiouen-Thsang ; or il y a des personnes qui soutiennent que vous étiez dépourvu des moyens nécessaires pour traiter une matière aussi délicate. Avant d'arriver au fait, il fallait prouver la possibilité du fait ; il fallait montrer le chemin qui vous conduisit aux résultats que vous vous attribuez. »

Je croyais avoir répondu d'avance à cette objection, en renvoyant à ce que j'ai dit là-dessus dans mon mémoire sur l'Inde. Mais l'expérience m'a montré que si, à mesure qu'une question se présente, beaucoup de personnes aiment à en parler, bien peu prennent la peine d'en étudier les éléments. La difficulté qu'on me fait et que je vais examiner, tient à un sujet sur lequel l'opinion s'est égarée ; mais je dois déclarer que mon intention n'est pas de recommencer la polémique. Sans doute les questions qui se rattachent à ce travail de restitution et d'identification des dénominations sanscrites sont assez importantes pour mériter un exposé à part. Je possède les éléments nécessaires pour une tâche pareille ; mais ce n'est ni le temps ni le lieu d'aborder une pareille discussion. Ici je me borne à éclaircir les doutes qui m'ont été exprimés.

Je vais d'abord reproduire le passage de mon mémoire sur l'Inde auquel j'avais renvoyé. Je trouve un grand avantage à m'appuyer sur un récit qui remonte à plus de douze ans, qui a été contrôlé et accepté par M. Julien, et qu'on ne peut point, par conséquent, soupçonner d'avoir été fait pour la circonstance. D'ailleurs, ce récit montrera que si mes recherches d'alors furent parfaitement consciencieuses, M. Julien, en en acceptant les résultats, n'entendait pas renoncer à rien de ce qu'il croyait lui être avantageux, et que, lorsqu'il a laissé passer les endroits qui témoignent de l'originalité de mon travail, c'est qu'alors les preuves de ce que je disais étaient encore trop présentes à son esprit, pour qu'il osât s'inscrire contre.

« Avant de passer outre, je dois dire quelques mots sur la transcription des noms d'hommes et de lieux qui se rencontrent en grand nombre dans ce mémoire. Cette question est de la plus haute importance; les mêmes noms reviennent en général dans les écrits des Arabes, des Persans, des Indiens et des Chinois, et cependant la plupart de ces noms, à s'en tenir aux systèmes de transcription suivis jusqu'ici, paraissent différer beaucoup. Il était nécessaire de montrer comment l'on peut les identifier.

« La langue chinoise, bien que fort riche en articulations et en voyelles, est privée de certains sons usités dans les autres langues; par exemple, elle ne possède pas, du moins en général, le son de la lettre r, et le même caractère est ordinairement employé pour les lettres r et l; quelquefois l'une et l'autre lettre, dans les transcriptions chinoises de mots étrangers, sont supprimées. Le même signe, en chinois, sert presque indifféremment pour les lettres b, v et p (1).

« Ajoutez à cela un fait particulier à la Chine. Les

---

(1) Cependant Hiouen-Thsang, d'après la remarque de M. Julien, emploie presque toujours des signes différents pour l'l et l'r, ainsi que pour le b, le v et le p.

caractères chinois équivalent chacun à une articulation accompagnée d'une voyelle ; c'est ce qu'Abel Remusat appelait un monosyllabe, mais qui, suivant la remarque de M. Bazin, n'est en certain cas qu'une syllabe d'un mot qui en a plusieurs. Dans les autres langues, il y a des mots et des syllabes qui ne se terminent pas par une voyelle ; en pareil cas, les Chinois, dans la transcription de ces mots, sont maintenant dans l'usage de diminuer de moitié tout caractère médial ou final répondant dans notre alphabet à une consonne non suivie d'une voyelle ; mais cet usage ne commença qu'assez tard, et on oublie même quelquefois de l'appliquer. On voit tout de suite à quel point ces différentes circonstances ont dû rendre les transcriptions chinoises imparfaites.

« Quelque chose d'analogue a eu lieu pour les transcriptions indiennes. On distingue, dans les provinces septentrionales de l'Inde, deux systèmes de prononciation, l'un suivi dans le Bengale, l'autre à Bénarès et dans les provinces situées près du confluent du Gange et de la Djomna. Le premier système fut d'abord adopté par les Anglais établis dans la presqu'île, et l'on en trouve des traces dans le premier volume du Recueil des mémoires de la société de Calcutta. D'après ce système, les articulations, principalement à la fin des mots, sont, le plus souvent, accompagnées d'un *o* légèrement marqué ; c'est l'*omicron* des grecs, que les latins convertissent en *u*, en ajoutant à la fin du mot une *s* ; maintenant, les indianistes suivent en général la prononciation de Bénarès, qui change ordinairement l'*o* presque muet en un *a* plus ou moins marqué. Une autre différence de prononciation du Bengale et de Bénarès, c'est que certaines articulations sont rendues avec plus de force dans la première que dans la seconde : ce qui, dans celle-ci, est un *h*, devient un *k* dans la première : on dit *sinka* (lion) pour *sinha*, etc.

« Une partie de ces irrégularités disparurent dans la pratique, dès le moment où feu Chezy et M. Burnouf, consultés par Abel Remusat, parvinrent à rétablir un certain nombre de mots indiens transcrits en chinois. Par exemple, on reconnut que le sanscrit *tchandra* (lune) était l'équivalent du chinois *tchen-to-lo*, et que le pays de Dravida, dans l'Inde méridionale, répondait au chinois *tha-lo-pi-tcha*. M. Stanislas Julien, qui s'occupe depuis quelque temps de traduire les relations chinoises sur l'Inde, n'a pu se dispenser d'étudier les différentes formes des noms propres, et il a considérablement avancé cette partie importante de la philologie. Non content de s'aider de divers alphabets et vocabulaires chinois-indiens, dont quelques-uns n'avaient pas encore été mis à contribution, il a entrepris de dépouiller un dictionnaire des mots indiens qui sont reproduits dans les livres bouddhiques chinois; et, bien que son travail ne soit pas terminé, il a établi le rapport de plusieurs milliers (1) de sons chinois et indiens.

« M. Stanislas Julien a naturellement adopté, pour les transcriptions, la prononciation sanscrite de Bénarès; maintenant cette prononciation est suivie généralement, et je m'y suis aussi conformé. Mais cette prononciation, ainsi que je l'ai dit, ne répond pas toujours aux sons indigènes, et l'imperfection du système devient très-sensible dans les mots qui ne sont pas indiens ou qui, étant indiens, ne sont pas significatifs. Pour suppléer à ce qui a manqué à cet égard, à Abel Remusat, à Klaproth et à M. Julien, j'ai eu à ma disposition un troisième terme de comparaison; ce sont les transcriptions arabes.

« Dans l'écriture arabe, on ne marque pas les voyelles; mais on marque fidèlement les consonnes et les diphton-

---

(1) L'épreuve portait *centaines;* c'est M. Julien qui a écrit de sa main *milliers*.

gues. Partout où il y a une véritable diphtongue, les Arabes la reproduisent; là où la diphtongue n'est qu'un effet de l'imperfection des systèmes de transcription, ils n'en tiennent aucun compte. Je vais citer quelques exemples.

« Le nom du pays appelé à présent *Tokharestan* se compose du mot indigène *Tokhar* et de la terminaison persane *estan*. Les Grecs écrivaient Τοχαροί et les Latins *Tokhari*, et dans ces diverses formes, la syllabe *to* est brève; les Arabes font sentir dans la prononciation un *o* qu'ils n'écrivent pas. Or, à la place de *Tokhar*, Abel Remusat a lu *Tou-ho-lo*, et M. Stanislas Julien *Tou-ka-ra*. On connaît le nom d'une contrée qui faisait jadis partie du Tokharestan, et qu'on appelle encore aujourd'hui *Khotl* ou *Kothol;* les Arabes n'écrivent que les trois articulations *kh, t* et *l*. Abel Remusat a cru qu'entre les deux dernières consonnes il y avait une diphtongue, et il a écrit *Kho-tou-lo* (1).

« On serait peut-être autorisé à induire de ces divers faits qu'en général la prononciation bengali est plus proche de la véritable orthographe que la prononciation de Benarès, et qu'au temps de Hiouen-Thsang et d'Albyrouny, elle était suivie dans la plus grande partie de l'Inde. »

Voilà ce que j'écrivais en 1846... Si le lecteur a eu la patience de me suivre jusqu'ici, il lui suffira d'un moment d'attention pour arriver à la solution définitive.

Je me transporte par la pensée au moment où je commençai mon travail de restitutions et d'identifications. Il est sous-entendu qu'à cette époque j'avais par-devers moi un certain nombre de faits que j'avais empruntés aux écrivains arabes et persans et qui étaient restés jusque-là

---

(1) Ici sur l'épreuve était une phrase qui exprimait un fait réel, mais que M. Julien me pria d'effacer; la voici : « Pour M. Stanislas Julien, il a été amené à la forme incorrecte *ga-thou-ra* ou *ga-thou-la*. »

inconnus. De plus, j'avais présents à l'esprit une foule de noms d'hommes et de lieux, ainsi qu'un certain nombre de termes sanscrits significatifs. De quoi s'agissait-il pour moi ? Il s'agissait de rattacher à un nom ou à un mot connu de moi une transcription chinoise incertaine, abstraction faite de la prononciation du Bengale ou de celle de Benarès. Trois exemples vont rendre la chose sensible pour tout le monde, et pour ces exemples je choisirai des faits avoués par M. Julien. Ces exemples consistent : 1° dans un nom sanscrit auquel je suis arrivé par l'arabe et le chinois; 2° dans une dénomination sanscrite que Hiouen-Thsang avait traduite en chinois, que M. Julien traduisit du chinois en français, et que je rétablis en sanscrit; 3° enfin, dans un nom de lieu qui n'avait rien de significatif.

1° L'écrivain arabe Massoudi fait mention d'un roi de Canoge qui florissait à peu près au septième siècle de notre ère, et dont il rend le nom par ces quatre lettres, K, O, R et Ch. Albyrouny parle aussi, pour la même époque, d'un roi de Canoge pour le nom duquel il emploie les lettres H, R et Ch. Enfin, Hiouen-Thsang cite un roi de Canoge de cette même époque, dont le nom est écrit dans la liste de M. Landresse *Ko-li-cha*. A la première vue, on reconnaît que ces trois transcriptions désignent un même nom et s'appliquaient à un seul et même personnage. Il ne restait plus qu'à découvrir la forme sanscrite Harcha; elle se trouve dans l'histoire sanscrite de Kachemire.

2° En sanscrit, Vikramaditya signifie *le soleil de la force*. Albyrouny place au premier siècle de notre ère un roi de ce nom qui dominait aux environs du Gange, et qui fit une invasion dans la vallée de l'Indus. Hiouen-Thsang fait aussi mention de ce prince ; mais au lieu de transcrire le nom en chinois, il se borne à en donner l'équivalent. Arrivé à cet endroit du texte, M. Julien ne s'aperçut pas qu'il y avait là un nom propre, et il traduisit par *le soleil de la force*. Comme je savais qu'il s'agissait là de Vikramaditya, roi de Sravasti, je n'eus pas de peine à rétablir son véritable nom.

3e J'ai déjà parlé du pays de Khotl, dont M. Julien avait transformé le nom en *Gathoura*. Ce dernier cas, comme on doit le penser, s'est présenté fort souvent à moi pour les contrées de l'ouest et du nord de l'Inde, et c'est surtout pour ces régions peu connues que mon travail a été utile à M. Julien.

J'ajouterai quelques mots sur les communications que M. Julien eut dans le temps la bonté de me faire. On voit revenir souvent le nom de M. Julien dans mon mémoire sur l'Inde, et certes je n'ai pas la moindre envie d'affaiblir les témoignages publics que je donnai alors de ma gratitude. Mais puisque M. Julien ne paraît pas satisfait de toutes les concessions que je lui fis, le moment est venu de réduire chaque chose à sa juste mesure.

Le titre de mon mémoire porte qu'il a été fait à l'aide des écrits des Arabes, des Persans et des Chinois. Les documents chinois ont donc fait partie des témoignages dont je me suis servi ; mais mon point de départ a toujours été les écrits des Arabes et des Persans, et là où ces écrits m'ont manqué, je me suis abstenu. Je fus donc obligé de laisser de côté divers extraits que M. Julien m'avait communiqués. Il en fut de même de plusieurs morceaux tirés de compilations chinoises faites sans critique, et dont M. Julien n'était pas en position d'apprécier la valeur (1).

Il a déjà été parlé de la traduction des quatre premiers livres de la relation de Hiouen-Thsang, que M. Julien me prêta en manuscrit, et qui m'a valu plus d'un reproche de sa part. On a vu que, de l'aveu de M. Julien, c'était un simple essai pour lequel il n'avait fait aucune espèce de

---

(1) V. mon *Mémoire sur l'Inde*, p. 166 et 167.

recherche. J'en citerai un exemple. A l'endroit où l'écrivain chinois parle des statues colossales de Bamian, M. Julien ne s'était aperçu de rien, et ce fut moi qui lui appris
que ces statues venaient d'être trouvées en place par le voyageur anglais, Burnes. Ce fut même cette circonstance qui
me permit de constater l'identification de la ville de Bamian avec la Fan-yan-na de Hiouen-Thsang. Pour les
passages de la relation qui n'étaient pas encore traduits et
dont j'ai fait usage, voici un exemple de la manière dont
les choses se passaient :

Les écrivains arabes Ibn-Haucal, Albyrouny, etc., parlant
de la ville de Moultan, font mention d'un temple du soleil
qui recevait les hommages de toutes les populations de
l'Inde. D'après mes calculs, Moultan devait répondre au
lieu que Hiouen-Thsang appelle Meou-lo-san-pou-lo. Je
fis part de mon idée à M. Julien, et je le priai, en rentrant
chez lui, de vérifier si Hiouen-Thsang, à l'article en question, ne faisait pas mention d'un temple du soleil. Examen
fait, ma conjecture se trouva fondée, et cette circonstance
me valut l'extrait qu'on lit à la page 154 de mon mémoire.
Je pourrais en dire autant au sujet du roi de Canoge,
Harcha, dont il a été parlé plusieurs fois, etc. Sans doute,
ceci ne diminue pas les obligations que j'eus alors à
M. Julien ; mais on voit que l'initiative venait de moi, et
que tout le travail critique m'appartient (1).

Mon mémoire sur l'Inde a paru en 1849, et les publications de M. Julien sur les pérégrinations de Hiouen-

---

(1) Il va sans dire que, dans la traduction imprimée, c'est M. Vivien
de Saint-Martin qui a les honneurs de l'identification de Moultan avec
Meou-lo-san-pou-lo, et une foule d'autres honneurs du même genre.
Quant à Meou-lo-san-pou-lo, *poulo* est probablement pour le sanscrit
poura ou ville, et il ne reste réellement que *Meou-lo-san*, ce qui ne
s'éloigne pas de *Moultan*.

Thsang n'ont commencé qu'en 1853. M. Julien a eu donc
toute liberté de puiser dans mon mémoire. Faisons une
supposition qui en soi n'a rien d'absurde ; supposons qu'à
l'inverse de ce qui a eu lieu, les publications de M. Julien
remontassent en 1849 et que les miennes n'eussent commencé qu'en 1853 ; ma position devenait toute différente.
Outre que les publications de M. Julien y auraient beaucoup perdu, j'avais la faculté d'y prendre tout ce qui était
à ma convenance, sans recourir aux formes louangeuses
auxquelles M. Julien est si sensible, et en même temps je
pouvais relever sans pitié les erreurs qui s'y trouvent encore. Sans doute, au point de vue du bon et du juste,
j'aurais eu tort ; mais qui aurait eu le droit de me jeter
la pierre ? Assurément ce ne serait ni M. Stanislas Julien,
ni M. Vivien de Saint-Martin.

Maintenant il me semble que le lecteur sérieux est à
même de se faire une opinion exacte sur ce triste débat ;
de mon côté, impatient, comme je suis, de mettre fin à
la lutte, je m'arrête ici. Je suis décidé, au moins pour le
moment, à ne pas répondre à ce qui pourra m'être op-
posé ! A l'heure qu'il est, si c'est la vérité qu'on cherche,
et qu'on mette de côté les preuves morales, il n'y a plus,
je crois, qu'une voie pour y suppléer : ce sont les preuves
matérielles. Ce moyen, je l'ai fait proposer à M. Julien,
qui s'y est refusé. Chacun de nous aurait déposé, entre
les mains de quelques-uns de nos confrères, les documents
qu'il croit être à son avantage, et ces confrères les auraient
soumis à un examen consciencieux. En ce qui me concerne, je suis tout prêt à comparaître devant ce genre de
tribunal.

20 février 1859.